DE LA CHARTE DE 1830

A SA 10me ANNÉE,

OU DE LA

Nécessité de la Réforme électorale.

Par M. A. Bonnal,

Ancien Sous-Préfet.

PARIS.

| DENTU, LIBRAIRE, | DELAUNAY, LIBRAIRE, |
| Palais-Royal. | Palais-Royal. |

ROHAIRE, LIBRAIRE, BOULEVART DES ITALIENS.

—

Octobre 1840.

TABLE DES MATIÈRES.

IMPRIMERIE DE Mᵐᵉ DE LACOMBE,
Rue d'Enghien, 12.

AVANT-PROPOS.

Dix ans se sont écoulés depuis la dernière révolution qu'a subie la France, et nous n'apercevons encore aucune amélioration malgré les espérances qui furent données avec tant de confiance. Du plus mauvais gouvernement, nous devions passer au meilleur; tous les intérêts devaient être satisfaits, la prospérité devait être partout, nous ne devions plus faire qu'un grand et heureux peuple, protégé par des lois en harmonie avec nos besoins matériels et moraux. Le bien-être, la confiance, le désintéressement, devaient être le partage de tous; la probité politique, cette vertu devenue si rare, devait être une des bases de notre régénération, et l'économie devait être portée dans tous les services pour opérer une diminution dans les charges publiques. Le pacte social fut modifié, et nous crûmes voir devant nous un meilleur avenir. Après dix ans d'attente et d'épreuves, que sont devenues nos espérances? Qui peut à présent nous faire espérer qu'elles se réaliseront, même dans un temps éloigné? Si nous consultons le présent pour savoir ce que doit être notre avenir, nous ne pouvons qu'en être effrayés, marchant visiblement vers de nouvelles catastrophes.

Les révolutions prennent leurs sources dans la corruption des peuples ou dans leur mécontentement : ces deux causes sont unies pour nous, et en les examinant rapidement, nous prouverons la nécessité de prévenir celle dont nous sommes menacés.

DE LA CHARTE DE 1830

CHAPITRE Iᵉʳ.

Dé l'Etat actuel de la Société.

La société est dans une complète désorganisa-
tion morale ; le mal se manifeste sous toutes les
formes et si ouvertement qu'il doit faire époque ;
il domine toutes les volontés, toutes les tendances ; son esprit malfaisant s'attache à tout pour
tout corrompre dans l'ordre politique et le mouvement social ; c'est lui qui inspire ce désir immo-
déré d'élever sa position à quelque prix que ce
soit ; toutes paraissant égales si la fortune les règle. Il n'y a pas d'exagération dans cette remarque, chacun peut la faire près de soi, dans le
monde, partout. La jeunesse, ordinairement si
désintéressée, se rapproche de l'âge mûr par l'é-
goïsme, et ne voit qu'un besoin de fortune. Par
elle toutes les conditions se touchent, et un des
résultats de ce désordre moral, est le manque de

respect à soi-même ou à celui qui est dû aux autres.

L'intelligence des intérêts est devenue usuelle pour tous; ce n'est plus par le travail et le temps qu'il faut y consacrer qu'on veut s'enrichir, mais par un esprit d'affaires qui n'a rien de commun avec les industries utiles; et cet esprit n'est autre chose qu'un composé de mauvaise foi et d'intrigues qui se mêle à toutes les actions et à toutes les démarches.

Le désir d'élever promptement sa fortune s'est étendu à toutes les classes de la société; or, toutes les positions fournissent leurs industriels d'un nouveau genre qui s'agitent comme des forcenés pour accroître celle qu'ils possèdent, ne faisant au reste aucun choix des moyens qui peuvent les aider à y parvenir, s'imaginant que le succès les justifiera toujours.

Acquérir en peu de temps est pour ces industriels la science de l'industrie et des affaires; et chacun individuellement apporte dans cette science de l'époque, un raffinement de plus d'improbité. Les relations les plus intimes, les liens même de famille ont pris la nature d'affaires à traiter avec bénéfice, comme pour les rendre d'avance suspectes de bonne foi.

Ce désordre de la société se lie à toutes les positions personnelles, parce qu'on ne voit qu'elles sous les rapports les plus apparens ; que la considération méritée sans richesse est comptée pour rien ; que les nobles sentimens ne sont considérés que comme des duperies s'ils ne sont pas suivis de quelques avantages matériels, et que toute chose doit avoir son prix et sa valeur en écus. On ne se donne plus à ses devoirs, mais à l'argent qui est attaché à ce qu'on fait : triste fruit des révolutions qui ont passé devant nous !

Parvenue par degrés à cette corruption de mœurs, la société tout entière est à fuir, car tout fait craindre, dans une situation si grave, un plus grand entraînement vers le mal, si on ne cherche pas promptement à y remédier. Après les relations d'intérêt détournées du caractère qu'elles devraient avoir dans toutes les occasions, que peut-on espérer d'avenir social, lorsque l'amitié a ses calculs, la parenté ses indifférences, et que l'indépendance des actions n'a presque plus de bornes, si on peut croire qu'elles soient sans impunité.

Ainsi faite de nos jours, la société, dans sa marche progressive, ne peut arriver qu'à former une agrégation d'hommes ennemis les uns des autres, pour coopérer tous ensemble à une ruine commune.

Les opinions politiques n'ont aucune vérité pour ceux qui recherchent la fortune par des emplois ou la finance, et ceux-là seuls sont en crédit auprès du gouvernement. A l'aristocratie nobiliaire a succédé celle de l'argent, qu'on méprise, il est vrai, dans ceux qui la représentent, mais qu'on ne recherche pas moins. Cette démoralisation, qu'on ne rougit même pas d'avouer, jette la société dans une perturbation d'idées, de démarches qui font la honte de nos mœurs, et ce désordre de la vie civile ne peut que s'accroître si les passions politiques viennent à s'y joindre, parce que chaque événement produit son effet fâcheux.

Hé bien ! nous ne pouvez éviter ce danger, car tout nous lie à l'action politique par les positions qui sont faites et par celles auxquelles on travaille avec ardeur : un moment de trouble peut renverser subitement ce qui est élevé, et grandir ce qui est à terre. Dans des temps ordinaires, la politique a ses principes suivis qui ne donnent naissance qu'à des événemens qu'on peut prévoir d'avance, mais nous sommes à une époque si près de ces grandes destructions, qui ont tout bouleversé, que notre avenir est rempli de craintes. Si le gouvernement s'est tracé une ligne politique qu'il poursuit dans sa prudence dynastique, comme nous tous, il a la même individualité, le même intérêt qui domine la société ; de sorte que les événemens qui se succèdent sans relâche, font craindre à tous des pertes ou des malheurs presque inévitables.

Nous avons dû nous demander quelles sont les causes qui ont fait naître cet esprit anti-social qui transforme tous nos désirs et tous nos sentimens en un seul mobile, qui ne fait voir dans chaque chose qu'une affaire à traiter, ou une pensée de possession? ensuite nous nous sommes fait cette autre question : quand ces causes seront-elles arrivées à leur terme, par une réaction morale assez puissante, pour détourner de dessus nos têtes l'orage des révolutions qui gronde?

Résoudre ces deux questions d'une manière claire et précise est au-dessus de nos forces, mais, nous aurons le courage de les aborder dans la conviction la plus profonde de remplir un devoir de bon français, laissant à des hommes d'état le soin de juger et de développer nos observations.

CHAPITRE II.

Des Causes premières du Mal social.

Il y a bientôt un siècle que des écrivains célèbres, avides de renommée, formèrent le dessein de régénérer la société pour en faire disparaître les vieux abus. S'érigeant en réformateurs, les uns, en se servant du raisonnement le plus captieux ; les autres, de l'arme du ridicule ; tous, du charme du style, poursuivent la réalisation de leurs projets ; et bientôt leurs idées se propagent avec un incroyable entraînement.

L'esprit leur manque moins que l'expérience ou la bonne foi, car ils se servent habilement de tous les moyens qui leur sont fournis par l'histoire, les erreurs du temps, et par les fautes de toutes les époques, oubliant à dessein de parler de ce qui avait été fait pour hâter les progrès de la civilisation, des sages institutions qui nous avaient été données, et enfin des améliorations qui avaient été faites sous plusieurs règnes remarquables. L'examen de l'administration fut sévère, et il devait l'être à beaucoup d'égards, manquant alors de régularité. La vie privée des princes fut critiquée et souvent rendue odieuse.

Le haut clergé eut sa part dans toutes ces attaques, toujours combinées avec adresse.

Cette école de réformateurs devint nombreuse; parmi ses membres, il y en avait de très honorables, mais il en sortit des hommes qui mirent la main à l'œuvre pour tout bouleverser avant d'avoir préparé des matériaux pour reconstruire l'édifice social sur un plan plus régulier et plus conforme à nos besoins. Ce plan ne pouvait recevoir d'exécution heureuse que lentement, après avoir été long-temps médité dans ses avantages et ses inconvéniens.

Avec plus d'expérience de la vie des peuples, ils auraient pensé que les sociétés ne sont jamais bouleversées sans qu'elles n'éprouvent de grands malheurs et une altération dans les mœurs publiques; qu'elles ne doivent donc qu'être successivement améliorées pour les préserver des commotions irritantes auxquelles elles se livrent par les révolutions, et que ce n'est encore qu'avec prudence qu'on doit chercher à faire le bien en pareil cas.

Si on touche souvent sans danger à la plupart des lois civiles, il n'en est pas de même des lois politiques qui ont de profondes racines, car il est rare qu'elles soient changées sans que les peuples en soient agités, et une fois mis en mouvement, c'est une mer populaire remuée par la tempête qui ne s'apaise que par le sang et des ruines; il y a néanmoins des hommes qui ne craignent pas d'en agiter les flots !

Les lois politiques doivent être la conséquence des mœurs, et rarement elles sont assez faites pour qu'on puisse leur en faire une grande application, telle qu'elle fût entreprise. Or, ces réformateurs, sans prévoyance, se méprirent étrangement sur les résultats qu'ils en espéraient s'ils croyaient faire le bonheur de leur génération.

Il ne faut aux matières inflammables et comprimées qu'une étincelle pour occasionner la plus terrible explosion, comme il ne faut souvent aux peuples qu'un prétexte pour se livrer aux plus grands désordres.

Lorsque la France fut assez saturée par les idées nouvelles qui devaient si long-temps l'agiter, il ne fallut plus qu'un léger embarras pour donner le signal.

CHAPITRE III.

De la Révolution de 89, etc.

La révolution de 89, qui comprend la tourmente si fatale de 93, s'annonça sous les plus heureux auspices, quoique le peuple n'y fût point préparé. Les états-généraux dépassèrent d'abord les limites qui leur étaient prescrites et la prudence qui devait les guider, en se constituant en corps de peuple délibérant. Cette forme législative d'une nature toute nouvelle, devait nécessairement perdre la royauté, n'étant plus alors qu'un pouvoir secondaire.

Louis XVI avait fait de récentes améliorations ; d'autres étaient promises ; mais le peuple assemblé, par la réunion des trois ordres, fit aussitôt des lois qui mirent toutes les existences en question, et renversa tout pour s'occuper ensuite d'une reconstruction hasardeuse. D'un entraînement à un autre cette puissance irrésistible proscrivit le passé, malgré ses enseignemens et quelquefois ses jours heureux. Poussée à l'enthousiasme par des voix éloquentes, la France s'associa à toutes ces innovations.

Par ce grand mouvement social, de nombreux

intérêts furent deplacés. La noblesse, divisée d'o-
pinions, facilita la perte de ses titres pour préparer
celle de sa fortune. Le clergé, presque dans la
même situation, donna lieu au même dépouille-
ment, qui parut alors d'autant plus naturel qu'il
n'attaquait que des propriétés mortes ; mais avant
que ces deux grands sacrifices fussent accomplis,
il se forma une opposition qui exprima librement
sa pensée. D'abord imprudente dans son langage,
elle le fut plus tard dans presque tous ses actes.

Lorsque l'assemblée constituante eut fait de
grands travaux et de grandes fautes, elle remit sans
précaution son œuvre imparfaite à une autre assemblée délibérante, moins sage, moins désintéressée,
qui creusa l'abîme où devaient s'engloutir tant de
victimes et d'infortunes.

L'assemblée qui lui succéda se passionna sans
patriotisme, sans avoir même la volonté prononcée
de suivre quelques bons exemples qui venaient de
lui être donnés. Des talens s'y firent cependant remarquer, mais point d'hommes d'état, et bientôt elle se jeta dans la confusion pour irriter
tous les intérêts. Ne sachant plus comment remédier au mal qu'elle avait fait, elle donna naissance
à un nouveau pouvoir, qui fut si cruellement anar-
chique.

Le pacte social fut rompu et le trône brisé
par une horrible violence qui en imposa à tous les

gens de bien. Au nom de la liberté et de la justice, de l'égalité et de la patrie, tous les excès furent commis, toutes les lois violées. Les mœurs publiques furent souillées par d'infâmes doctrines, et la religion outragée dans le culte et ses ministres.

La sanglante période de la Convention, après avoir fait un acte constitutif, eut cependant un terme, parce que la fureur du mal doit s'éteindre lorsqu'elle a tout dévoré, pris toutes les formes, tous les marques et changé la société en un désert affreux.

L'époque funeste que nous venons de rappeler est une des causes principales de l'esprit dominant contre lequel nous nous élevons, car c'est de son immoralité que devaient sortir tous les vices qui peuvent déshonorer un peuple.

Des biens immenses avaient été confisqués par la plus détestable des injustices; le signe monétaire qui remplaça si dérisoirement le numéraire servit à les payer par un semblant qui ne pouvait avoir aucune réalité. Alors il s'éleva une infinité de fortunes, qu'on regardait si peu consolidées qu'on n'osait les avouer, mais dont la possession se devinait par l'exagération des opinions politiques.

La division de ces propriétés, en créant de nombreux propriétaires par un moyen, heureusement fort rare, en fit autant d'hommes d'affaires, toujours tenus en éveil, et ils en transmirent l'esprit comme un second héritage, qui eut pour premier effet de porter les enfans à l'abandon de la condition de leurs pères, jetant ainsi eux-mêmes une sorte de mépris sur leur origine. Ainsi ne regardant plus derrière eux, il y en eut, dans leur orgueil, qui voulurent s'égaler aux positions que distinguaient des vertus traditionnelles.

Le bouleversement de la France amena l'étranger sur nos frontières, qu'il franchit de toutes parts. La patrie menacée ne manqua point de défenseurs, ce noble sentiment étant encore dans toute sa force. Sans aucune expérience, mais animés du désir de vaincre, ils se familiarisèrent avec la victoire, et cela devait être, l'honneur dans nos grands jours de deuil, s'étant réfugié dans nos camps pour y opérer des prodiges.

Après tant de maux soufferts, la France voit des essais d'organisation tentés par un pouvoir sans énergie ni considération : ces essais n'ont d'autres résultats que des dilapidations, des défaites et un plus grand relâchement dans les mœurs.

CHAPITRE IV.

Du Règne Impérial.

Tout-à-coup, l'homme que la victoire avait si brillamment couronné en Italie et en Égypte, renverse le Directoire, ce débile pouvoir. Ses partisans, en petit nombre, se condamnent à la retraite ou se rallient à sa puissance entraînante.

La confiance renaît, voyant partout un principe d'organisation dirigé par une main forte et hardie. L'ordre est rétabli dans l'administration, ainsi que dans tous les services avec une inconcevable activité d'action. La guerre civile, qui désole une de nos provinces, est promptement apaisée, et les maux qu'elle a faits sont bientôt réparés. L'ennemi du dehors, car toutes les opinions se taisent au dedans, voit d'un œil jaloux l'ère nouvelle qui s'annonce. Une défaite qu'il éprouve en Italie, ne lui laisse plus aucun doute sur son accomplissement, puisqu'il est forcé de souscrire à un traité de paix qui immortalise le vainqueur. Les ruines disparaissent; la terre étrangère nous rend nos proscrits, et un grand nombre prennent rang dans nos armées, ou sollicitent des emplois dans les différentes administrations. La religion relève ses autels, les liens de famille se resserrent, les passions se calment, et un système plus régulier, appliqué aux finances, les rend prospères. La moralité et le zèle administratif sont rigoureusement imposés aux fonctionnaires publics, et chacun fait son devoir. Le génie qui opère en peu de temps cette transformation du chaos social en une société sagement constituée, lui donne encore un nouvel éclat.

Le trône de Charlemagne est relevé : Napoléon s'y asseoit, et la cérémonie la plus auguste en atteste l'avènement. Le peuple est protégé à l'égal des classes les plus élevées; le mérite est accueilli et récompensé. Le nivellement révolutionnaire disparaît; des titres de noblesse sont conférés, parce qu'ils sont inséparables d'un gouvernement monarchique; une cour brillante est formée, et on voit le passé s'unir au présent pour ne faire qu'une grandeur.

La guerre dans ses nécessités prend le caractère le plus élevé. D'immenses travaux n'en sont pas moins exécutés; des chefs-d'œuvre sont réunis dans des monumens qui en sont dignes. Le nom français est grand chez toutes les nations civilisées, et la législation s'élève à la hauteur de l'époque impériale, illustrée par les plus grandes choses que puisse faire un grand homme.

Mais les grandes conquêtes de l'Empereur ral-

lient tous les peuples vaincus pour former une seule
résistance et font agir ceux qui peuvent craindre le
même sort. L'Angleterre, oligarchique et commer-
ciale, se voyant à son tour menacée, s'impose les
plus grands sacrifices pour faire diversion au danger qu'elle court. La science politique, qui fait l'é-
tude essentielle d'un gouvernement, est pleine de
ressources contre ses ennemis. Celle de l'Angleterre, dans cette occasion, fait usage de tous les
moyens qu'elle peut inventer pour susciter des embarras à Napoléon, afin de l'irriter et de lui faire
commettre des fautes ; elle cherche et trouve des
alliés qu'elle soudoie généreusement, et par ses
intrigues et l'or qu'elle répand, elle s'assure des
succès dont elle retire plus tard les plus grands
avantages.

L'Europe coalisée et les peuples excités par des
promesses qui les flattent, prennent les armes et
forment des armées innombrables qui pénètrent
au cœur de l'empire pour lui donner la mort; mais
avant qu'elle soit consommée, le petit nombre de
braves, restés fidèles à l'honneur, opposent la plus
courageuse résistance, et plus d'une fois ils sont
prêts à rejeter toutes ces armées au delà de nos
frontières. La France travaillée se laisse vaincre,
quoiqu'elle eût pu venger la violation de son terri-
toire et prévenir une seconde invasion qui devait
lui être si coûteuse : malgré cet aveuglement, en

tombant du haut de sa puissance, Napoléon dut encore s'étonner de l'abandon dans lequel il se voyait.

L'époque de l'empire, dans sa courte durée, efface toutes celles dont la France peut se glorifier, et pendant des siècles elle en conservera le souvenir. Livrée aux horreurs de l'anarchie, méprisée au dehors, la France passe subitement à l'ordre le plus parfait et à une grandeur démesurée qui étonne le monde entier. Rien n'est ordinaire dans tout ce qui compose cette époque : les hommes et les choses y grandissent en recevant de l'empereur une nouvelle vie. Son règne finit, et toutes ces grandes figures reprennent les proportions qu'elles avaient auparavant, malgré quelques dehors qui leur restent. Il en est de même de l'ascendant qu'avait conquis la France sur l'Europe entière; il disparaît avec Napoléon.

CHAPITRE V.

D e la Restauration.

Lasse de la guerre et de sa propre grandeur, la France reçoit ses anciens rois avec un enthousiasme qu'aurait dû refroidir la main qui les lui offrait; mais elle ne voit que ses rois et la nouveauté, et semble ne pas remarquer dans ce changement l'occupation militaire de ses campagnes et de plusieurs de ses villes, encourageant ainsi l'ennemi à les dévaster de nouveau. Cependant, revenue à elle-même, elle voit la honte de sa défaite, et s'en trouve humiliée en restant en dehors du parti qui n'y voit qu'un triomphe. Toutes les prétentions du passé se réveillent, et il se forme deux opinions pour rester long-temps ennemies.

La charte, cette œuvre de la plus haute sagesse, malgré ses imperfections, comme tout ce qui sort de la main des hommes, aurait dû calmer l'exagération de cesopinions, rassurer des intérêts alarmés, et faire taire des espérances que le temps seul pouvait en partie réaliser; mais le mouvement était donné et il ne s'arrêta point.

Louis XVIII avait vu la marche du temps qui

change tout, hors les règles de la nature ; il se con-
forma donc aux exigences qui lui étaient deman-
dées, et ne fut pas assez compris par ceux qui
avaient appelé son retour de tous leurs vœux. Il avait
beaucoup à faire pour calmer les esprits, réparer
les maux qu'avait faits la guerre, pour changer
les inclinations guerrières de la génération nouvelle,
préparer enfin les améliorations qui étaient re-
clamées ; et il s'en occupa autant qu'il lui fut possible.

Malgré Louis XVIII, les intérêts de l'ancien re-
gime se groupent autour du drapeau qui le représente, et qu'un prince agite imprudemment comme
pour les rallier. Des fautes sont commises ; un
orage se forme, dont le premier éclair suffit pour
porter l'alarme au milieu des plus imprudens. La
famille royale va une seconde fois chercher un asile
hors de France pour y rentrer avec les mêmes ennemis.

Ce double événement ne trouve pas Louis XVIII
au dessous du courage qui lui est nécessaire dans
cette ocasion. Il examine les causes qui ont donné lieu
à une circonstance aussi déplorable, et se promet
plus de fermeté et plus de prudence.

Les opinions restent les mêmes, parce que la
cour fait le même accueil aux unes et témoigne la
même répulsion aux autres. Louis XVIII se place
au milieu et combat quelquefois l'une par l'autre,

à l'exemple d'Henri IV, d'immortelle mémoire. On ne veut pas encore le comprendre, car on ne lui rend pas la justice qui lui est due; ses partisans comptent pour rien ce qu'il fait pour eux, tandis que ceux d'une opinion contraire ne se trouvent pas assez rassurés, parce qu'en effet on ne cesse de les alarmer.

Les souvenirs de l'Empire venaient d'être fortement rappelés. Louis XVIII comprit qu'il fallait les faire oublier en donnant de l'activité à toutes les industries, mais il n'eut pas la pensée d'en diriger le mouvement moral, et en cela il commit une grande faute. Ainsi abandonnée à elle-même, l'industrie prit un assez grand accroissement pour devenir désordonnée dans ses ambitions, et finit par se changer en un esprit d'affaires, dont les tendances s'apercevaient déjà sous d'autres rapports.

Bientôt les traces de l'occupation sont effacées par le travail et la création du crédit public. L'étranger est soldé dans toutes ses exigences, ainsi que les dépenses occasionnées par deux années disetteuses. Le mouvement commercial se développe; l'industrie, dans son activité, fait quelques améliorations. S'il existe toujours des opinions très prononcées, elles sont au moins plus calmes et plus désintéressées; la France enfin est prospère et heureuse. L'impôt est sans doute élevé, mais quel accroissement n'a-t-il pas reçu depuis ? Le gou-

vernement, dans ses ministres, est honorable,
et Louis XVIII y gagne en considération.

La politique de ce prince fut habile et prudente,
quoiqu'il fît deux fautes graves dans la situation où
il trouva la France. La première échappa peut-être
à sa volonté, tandis que l'autre fut commise par
un manque de hardiesse; c'est de n'avoir pas adopté
le drapeau de la révolution, que l'Empire avait il-
lustré, et qu'il était impossible que tôt ou tard sa
vue ne produisît pas un prodigieux effet; la seconde fut de n'avoir pas donné à l'ancienne et à
la nouvelle noblesse, l'une et l'autre épurées,
une institution qui les eût confondues pour former un corps réel, au lieu de n'en avoir fait que
des individualités, isolées et sans consistance.

Napoléon profita d'un grand prestige pour rétablir la noblesse avec des prérogatives; dans un autre sens, Louis XVIII avait les siens, et il aurait
pu entreprendre infiniment plus qu'il ne fit pour
faire contre-poids à l'action démocratique dont il
ne pouvait ignorer les sentimens.

Charles X continue la restauration; il a le même
zèle, plus de bonté que son frère, mais il n'a pas
les mêmes connaissances des choses et des hommes. Il se rappelle le passé, et s'y rapporte en fran-
chissant un long intervalle, que de grands événemens ont rempli. Il croit, malgré tous les avertis-
semens qui lui sont donnés, que la couronne peut

se dégager de beaucoup de soins, et qu'elle n'a que des douceurs à offrir.

Cependant la prospérité publique n'en souffre pas, car elle suit l'impulsion qui lui est donnée. Des amis imprudens abusent de sa faiblesse pour l'entretenir des mêmes idées qu'il avait en opposition à celles de Louis XVIII, comme s'il eût dû répudier une politique aussi sage que celle d'un monarque qui avait pu faire transition avec l'Empire !

Charles X régnait, trop éloigné d'un ministère à grandes vues, qui développa encore les ressources du crédit pour opérer une réparation juste et qui devait bientôt éteindre beaucoup de haines. Le commerce et l'industrie en furent protégés ; mais les mêmes influences s'agitèrent pour devenir communicatives, et par le plus étrange rapprochement des opinions opposées, ce ministère fut renversé, laissant à une opinion spéciale la liberté de compromettre et de perdre un prince digne d'un meilleur sort.

Uniquement occupé d'innocens plaisirs, Charles X donnait peu de soins à la politique, et on en profita pour lui en donner une purement religieuse. La religion avait souffert de l'anarchie ; le concordat lui avait redonné une partie de ce qu'elle avait perdu, et s'en trouvait heureuse puisqu'elle était respectée. Ce monarque voulut faire davantage ; il fit des tentatives pour rétablir l'ascendant du clergé, et ne parvint qu'à faire des hypocrites ou à se créer des ennemis. Il tomba, mais il ne fut pas outragé, parce qu'il avait été bon.

CHAPITRE VI.

De la Révolution de 1830.

La révolution de dix-huit cent trente trouva la France dans cet état moral. Son caractère populaire ne pouvait que changer ou aggraver ses tendances, parce que chaque fois qu'il s'élève subitement un pouvoir nouveau et des positions sociales nouvelles, il est rare que la société n'y perde pas en moralité, à moins qu'elle n'y gagne par une volonté forte, prévoyante, qui la dirige alors vers de grandes et salutaires améliorations; mais que d'obstacles pour que cette volonté se manifeste, si sa force créatrice s'est appuyée d'abord sur une autre puissance, c'est-à-dire s'il n'y a pas eu une sorte de conquête, un droit acquis pour agir librément !

Déjà les mœurs publiques étaient peu satisfaisantes; démocratiques par toutes les révolutions qui s'étaient succédé, l'appel qui fut fait au peuple, les rendit plus vivaces et nivela encore davantage toutes les conditions sans en améliorer aucune. La nécessité de recourir à ce moyen, toujours dangereux dans l'usage qu'on en fait, fut un malheur pour le gouvernement qui dut l'employer, quoique pur dans le combat ainsi que dans les suites qu'il lui prêtait. Bientôt après toutes les individualités de la finance, du commerce, de l'industrie furent flattées sans réserve, et tous les hommes d'affaires et de langage étudié se présentèrent et furent accueillis, ne permettant plus à des personnes moins intéressées de s'approcher du pouvoir qu'elles auraient servi avec zèle.

L'industrie, le commerce et la finance avaient beaucoup gagné sous le gouvernement qui venait de tomber, il n'en fut pas moins abandonné pour d'autres espérances, parce que l'intérêt qui les domine ne peut changer leur nature. L'agriculture, si importante par ses populations, n'ayant pas été assez encouragée, suivit cet exemple en portant ses regards sur les couleurs qui avaient fait la gloire de l'empire. Il n'y eut donc que la propriété foncière, sans autre sentiment que sa vieille loyauté, qui lui donna des regrets.

Il était difficile que cet abandon n'eût pas lieu ; lorsqu'un peuple passe sans cesse d'un gouvernement à un autre, il ne peut s'affectionner à aucun. Il vit sous celui qui existe pour en abandonner l'existence et la durée aux hasards des événemens, que la prudence et même la force ne préviennent pas toujours.

Le gouvernement fondé par un acte de souveraineté populaire ne pût se faire illusion sur l'importance de ce principe, parce qu'il conduit à des révolutions continuelles. S'il y a des circonstances fort rares, où une couronne doive être donnée par élection, on ne saurait le faire avec trop de solennité pour imprimer à cet acte, le sceau d'une adhésion générale, afin d'investir le souverain d'une plus grande liberté d'agir; sans parler d'aucune réserve, la souveraineté du peuple fut si hautement proclamée qu'il a fallu ensuite la combattre pour qu'elle ne devînt pas absolue et fondamentale, et ce combat existe au grand jour comme dans le secret sans qu'on puisse en prévoir la fin.

Les causes qui ont rendu cette lutte nécessaire, ne sont pas toutes fortuites; elles remontent aux premiers temps de nos discordes civiles; long-temps comprimées, elles ont reparu à la suite de la révolution de 89, et se sont renouvelées par celle de 1830, qui a tout fait pour le développement de la démocratie populaire. Napoléon la reconnut dans son utilité et même dans ses droits les plus naturels, et il en fut aidé pour faire de grandes choses. Quand il prit le pouvoir, elle était puissante et dangereuse comme aujourd'hui. Au lieu de la combattre sourdement, il chercha à la diriger sans détour et il y parvint. La restauration sans la flatter ni s'en servir, sans même s'en occuper, ne lui fit rien perdre par les encouragemens qu'elle donna à toutes les industries. La révolution de juillet, marchant sur une autre ligne, l'a transformée en souveraine puissance en lui demandant son appui.

A présent que la démocratie s'est créé des droits, elle veut les défendre, et ce ne serait pas sans péril qu'on chercherait à l'en priver long-temps: vouloir l'abuser par différens moyens serait encore dangereux, mais si l'on veut n'en avoir rien à craindre, il faut d'abord la séparer du peuple par des institutions qui consacrent et garantissent ses droits, tandis que toutes les professions devraient être régularisées, et les arts et métiers érigés en corps d'états, afin que leurs intérêts fussent aussi protégés et défendus; il faudrait enfin, et alors les moyens ne manqueraient pas, organiser le travail et son emploi : chacun entrant ainsi dans une position convenable, n'aurait qu'à en poursuivre paisiblement le cours pour jouir de quelque bonheur, en même temps que la société y trouverait son repos.

Qu'a-t-il été fait depuis dix ans pour hâter ces améliorations devenues si nécessaires? le gouvernement a vu le mal et il l'a combattu par la force, au lieu d'y remédier par la sagesse.

Il y a pour tous les gouvernemens dynastiques une condition à remplir qui leur est personnelle et qui prend souvent sur leurs moyens d'agir pour se consolider. Ces moyens sont en général dans la nature même qui les constitue. L'origine du nôtre indiquait la guerre pour obtenir des réparations qui semblaient nous être dues, mais elle ne pouvait être faite qu'à l'aide de la propagande avec ses dangers, ou bien il fallait se jeter dans les alarmes de la paix quand elle n'est pas sincère. Il y avait donc également danger dans le choix qui serait fait.

Cependant des démonstrations de guerre furent faites d'abord; les peuples y furent appelés, en cherchant à remuer leurs croyances politiques; la plupart y répondirent par des imprudences qui en firent autant de victimes, mais aussi pour les rendre plus circonspects à l'avenir. Si le gouvernement eut un tort, ce ne fut pas d'avoir renoncé à faire usage de cette arme incendière, il n'eut que celui d'en menacer les souverains pour la leur sacrifier ensuite.

Le principe de sa fondation était la guerre : or il fut plus sage que son principe, mais il n'en fut pas moins blâmé, et pour n'avoir pas su tirer un heureux parti de cette sagesse, ce blâme paraît être aujourd'hui justifié.

La démocratie populaire, portée au dehors, devait y trouver des sympathies; c'était donc une raison puissante pour ne pas en compromettre les ressources, car il fallait prévoir que la révolution de juillet, avec son principe remuant aurait un jour des ennemis redoutables; et comment en douter à présent que nous ne pouvons nous maintenir en paix que par un débat continuel des conditions qui nous sont imposées, toujours suivies de sacrifices que lui fait notre dignité ? Ainsi toujours incertaine dans sa durée par les relations peu sincères des souverains, la paix a été peut-être plus funeste au pays que la guerre qui aurait eu au moins des chances de dédommagement, parce que nous n'avons pas su nourrir cette paix par des alliances avec les uns et de la fermeté avec les autres.

Après avoir été long-temps agitée par les armes et les doctrines qui flattent les peuples, l'Europe diplomatique s'est concertée pour détruire ces agitations morales et procéder à de nouveaux agrandissemens, dont la France est exclue pour l'humilier. Il fallait pour le succès de ces combinaisons le calme de la paix, et nos ennemis s'en sont donné tout le bénéfice par une parfaite sécurité. Le gouvernement a pris part à ce calme du dehors, et il a eu le trouble au-dedans pour ne s'être pas sérieusement occupé des améliorations qui étaient réclamées.

Si la France démocratique, par le sang qu'elle a versé, n'a pas acquis de nouveaux droits ni plus de bonheur, elle n'a pas oublié les espérances qui lui furent données sans examiner si elles pouvaient être réalisées, tant sa confiance fut d'abord positive, et cependant que de déceptions n'en a-t-elle pas recueillies ! Trompée dans son espoir, elle s'en est irritée et n'a plus vu qu'une grande indifférence

ou une mauvaise volonté. Il serait maintenant difficile de s'abuser sur ces dispositions lorsque de
nombreux témoignages en attestent la réalité.

Le temps des illusions est donc passé pour le
gouvernement qui s'était imposé avec assurance
l'obligation de mieux faire que celui qui l'avait pré-
cédé. Une longue attente est devenue désespérante,
qui se manifeste hautement par les uns et dans l'inti-
mité par les autres, et par tous dans un concert una-
nime comme dernier avertissement. Il doit ainsi mar-
cher dans d'autres voies que celles qu'il a parcourues
jusqu'à ce jour s'il veut prévenir les dangers qui le
menacent, s'il veut remplacer les alarmes qu'il a
semées sous ses pas, par l'affection qui rassure,
tout en rendant facile de faire le bien qu'on désire ;
et combien y en a-t-il à faire pour sortir de la confusion dans laquelle nous sommes tombés par
l'absence d'une meilleure impulsion ?

Rien ne saurait prouver davantage l'existence du
mal qui est dans la société que la lutte que soutient
le gouvernement pour se consolider dix ans après
sa fondation. Il faut le dire, les obstacles qu'il ren-
contre viennent presque tous de lui seul pour s'être
trop renfermé en lui-même, lorsqu'à présent tout
est visible pour ceux qui veulent voir. A une autre
époque le peuple allait à lui ; aujourd'hui il s'en
éloigne. Il y aurait donc prudence de la part du
gouvernement de chercher à s'unir avec la France

en allant au-devant de ses besoins par une pensée généreuse et confiante. Quoique ses abords se soient resserrés, ils ne sont pas encore impénétrables s'il veut y aller porteur d'améliorations, dont les plus essentielles devraient porter sur le rétablissement de l'ordre social dans plusieurs conditions, sur la reconnaissance et la protection de tous les intérêts, sur une meilleure et plus indépendante organisation des deux pouvoirs législatifs et leur équilibre avec la couronne ; enfin sur l'établissement des distinctions des classes qui doivent exister dans une société sagement organisée.

Ces distinctions devraient avoir trois applications : la propriété foncière unie à l'agriculture ; les arts libéraux avec le commerce et l'industrie, et finalement le travail qui se rattache à toutes les professions. Napoléon en eut la pensée ; mais le temps lui manqua pour coordonner les détails de ces importantes institutions, et Louis XVIII, dans sa vieillesse, ne pouvait guère s'en occuper. S'il est excusable à cet égard, il ne l'est pas d'avoir laissé subsister des lois en grand nombre devenues inutiles et même un embarras ; en les abrogeant par un acte législatif, celles qui auraient été conservées en auraient reçu plus de force et plus de clarté.

Le gouvernement qui a succédé à la Restauration a été dans la condition de commencer ce travail et peut-être de le terminer, mais d'autres soins l'en ont détourné, et il y a certainement perdu aussi bien que le bon ordre. Les lois de toutes les époques sont restées dans le même chaos, toujours plus sujettes à des interprétations et souvent plus abusives ; de sorte que les améliorations qui étaient les plus faciles n'ont même pas été faites.

Pendant les grandes préoccupations du gouvernement, le crédit public est devenu un scandaleux agiotage pour l'avoir abandonné sans réserve à l'immoralité de l'époque. Ce n'est pas le protéger que de l'abandonner au jeu qu'il peut avoir, c'est au contraire le livrer à des fripons qui finiront par le ruiner au préjudice de l'État. Le crédit doit donc fixer son attention pour le rendre utile et moral, et il suffirait que quelques dispositions fussent prises pour y parvenir ; le commerce, au lieu de faire des progrès, a rétrogradé ; l'industrie s'est agitée, ayant en tête des hommes riches de fortune ou de crédit qui l'ont étrangement exploitée ; l'agriculture est restée sans encouragement réel ; la propriété foncière n'a vu que l'augmentation de ses charges, et les droits d'octroi, qui renchérissent outre mesure les objets de première nécessité, s'élèvent chaque jour davantage.

Le trône qui fut élevé en 1830 ne pouvait être un don gratuit ; il fut demandé un retour, et il fut hautement promis pour une époque peu éloignée.

Ce retour n'était autre chose que les institutions devenues nécessaires pour assurer le calme et le bonheur de la société, et il ne fallait que l'entreprendre avec sollicitude et une volonté décisive pour y parvenir. Ayant suivi une autre route, il n'a pu vivre que dans un combat continuel et à la sueur de son front.

Le gouvernement est ainsi destiné à passer sans cesse d'un embarras à un autre en usant jusqu'à la déconsidération les hommes qui le servent; et cependant s'ils quittent le pouvoir, c'est pour y revenir comme s'ils y étaient inféodés.

Les deux chambres législatives, qui devraient être remplies de vigueur, sont sans influence et presque inaperçues. La raison autant que l'expérience en font connaître les causes; elles sont dans le vice évident de leur formation. Les membres de la chambre des pairs, par leur nomination, ne tiennent pour ainsi dire par aucun lien politique au corps social. Les membres de la chambre des députés n'y tiennent guère plus, si on se rapporte à ce qu'il y a d'étroit et même de vicieux dans leur électiou pour former une représentation nationale.

Les fonctions que les membres des deux chambres ont à remplir sont pénibles, coûteuses et souvent fort désagréables. Cependant aucune prérogative, aucun traitement n'en fait légalement la compensation. De nos jours, lorsqu'il y a si peu de désintéressement qui puisse être mis à l'épreuve, on se demande quels sont donc les attraits qui y sont attachés, si ceux qui en sont investis renoncent pour eux et leur famille à des faveurs non méritées? On fait à présent très volontiers des sacrifices, mais c'est pour en être récompensé au centuple. A cet égard, chacun se juge pour juger les autres et on fait alors des suppositions qui sont quelquefois injurieuses dans leur application.

La régularité de l'administration lui vient d'une autre époque; ses ressorts sont bien combinés; mais leur action, en centralisant un peu trop les détails du pouvoir, les rend susceptibles d'améliorations. D'un autre côté, elle n'est pas assez indépendante des influences locales. En effet, y a-t-il aujourd'hui un préfet assez libre pour faire également le bien de ses administrés en présence de députés qui ont des votes à donner et qu'on aime tant à recueillir? Ont-ils même le temps de s'en occuper par les déplacemens auxquels ils sont sujets à chaque changement de ministère, avant ou après les élections? Des devoirs de tous les jours leur sont imposés ; or, s'ils ne peuvent les remplir par les soins de conservation personnelle qu'ils se doivent, il est difficile que leurs occupations aient de nombreux approbateurs.

Enfin, il y a vice dans les mœurs sociales, confusion dans la société, improbité politique et mauvaise organisation de deux grands pouvoirs de l'État. Le gouvernement ne peut l'ignorer puisqu'il en souffre tout le premier, mais une forte volonté lui manque pour en détruire les causes.

Nous avons vu le mal ; nous indiquerons les moyens d'y remédier, si ce n'est pas dans la confiance que nos conseils soient écoutés, ce sera au moins avec la certitude d'avoir rempli un devoir de bon citoyen, qui a toujours rêvé le bonheur de son pays.

CHAPITRE VII.

De la Réforme électorale.

Il y a des motifs graves, palpitans, qui font retentir la France de la nécessité d'améliorer la loi d'élection ; nous y joignons notre voix, mais hors des partis qui la demandent et dans un but que nous pouvons avouer.

Toute société civilisée se compose d'une aristocratie de fortune, de mérite personnel ; et dans l'état de nature de la force sur la faiblesse. Ainsi cette expression ne peut être mal sonnante pour les personnes raisonnables. Après l'aristocratie vient la démocratie où se trouvent les petits possesseurs, toutes les professions utiles, et enfin le peuple que représente le travail. On pourrait joindre à ces trois distinctions, les fonctionnaires publics qui sont si nombreux, comme autrefois le clergé qui formait un ordre, mais nous en rejetons la pensée parce que leur position privée leur permet de prendre le rang qui doit leur appartenir.

La démocratie, aujourd'hui si entraînante, a confondu ces distinctions pour n'en voir aucune, mais nous ne voyons pas ce que la société y a gagné ; y a-t-il plus d'ordre, plus de respect les uns pour les autres, plus de bienveillance et plus de probité ? Proscrire les convenances sociales, c'est tomber dans la confusion des idées, des relations et même du mérite, pour élever jusqu'à lui tous ceux qui en manquent, ce qui ne peut être admis.

Sans distinction, la société est sans dignité, les membres des grands corps de l'état sont isolés de leurs fonctions; les fonctionnaires publics ne sont plus que des instrumens du pouvoir; l'industrie, toutes les professions, se trouvent sans aucune espèce de représentation, et leurs intérêts ne peuvent qu'en souffrir. Il importe donc de revenir d'une semblable erreur. Quoique tous les Français forment le même peuple pour être protégés et défendus dans leurs droits, la société ne réclame pas moins des distinctions qui puissent concourir au maintien de l'ordre et à la prospérité publique; qui empêchent que le peuple ne voie que peuple, et qui permettent au trône un entourage plus brillant, pour qu'il ne soit pas sans prestige pour ceux qui le voient de loin.

Ennemis de toute oppression et des trop grandes inégalités, nous voyons dans la démocratie un principe élevé de législation et de force nationale, mais seulement lorsqu'il est bien compris et bien dirigé, car s'il n'a pas ce caractère défini par des lois et des institutions, il ne nous paraît qu'orgueilleux, turbulent, factieux, toujours prêt à servir d'instrument.

Ce principe politique, dans ses limites, devient fondamental et doit ainsi être respecté ; il doit même recevoir des garanties qui le conservent dans ses droits ; et le trône, loin d'avoir à le craindre alors, y trouvera des défenseurs.

Admettant ce principe comme utile, nécessaire, nous admettons pour lui faire contre-poids, la hiérarchie des conditions sociales, pour que la société soit sagement constituée.

L'accomplissement du vœu que nous formons est complètement désintéressé, et si nous pouvons nous égarer, nous nous humilierons devant nos bonnes intentions.

Sans accord, et par des motifs différens, il s'est élevé un si grand cri dans toute la France pour demander la réforme électorale, que toutes les résistances ne pourront empêcher que ce besoin ne soit satisfait dans un temps plus ou moins rapproché. Le combatre par des déceptions ne serait pas sans danger, car il y a pour toute grande manifestation nécessité d'y répondre. S'il nous était permis de donner au gouvernement un conseil salutaire et prudent, nous lui dirions avec franchise : faites usage de votre droit d'initiative, en y joignant l'énergie que peut inspirer le désir de faire le bien, et le pays vous secondera dans cette occasion comme dans toutes celles où il s'agira d'améliorer. Ayez le ferme vouloir de travailler vous-même à la réforme avec des conditions qui tournent au profit de tous, et la réforme électorale deviendra votre appui.

Si on voulait voir nos lois et nos institutions immuables, lorsqu'on les a vues si souvent changer, il faudrait sans doute nous taire, mais il ne peut en être ainsi. Les lois de nos premières assemblées ont été modifiées ou abrogées; les constitutions de l'empire ont subi le même sort, de même que les lois de la Restauration. Pourquoi la charte de 1830 ne serait-elle pas modifiée après dix ans d'épreuve, dans les dispositions qui se rapportent à la Chambre des pairs et à la Chambre des députés?

Il serait seulement à désirer que la France fût consultée avant que ce travail fût entrepris, et la voix qui demanderait à connaître sans détour les améliorations qui devraient être faites serait entendue. Une occasion semble se présenter pour faire cette démarche qui va devenir indispensable, quels que soient les retards qu'on puisse volontairement y apporter.

La civilisation de la France, ce qu'elle a été et ce qu'elle est encore dans ses tendances, fixe depuis long-temps l'attention de l'Europe, qui nous voit en ennemie, du moins par les souverains qui la représentent, et tout nous porte à croire qu'il y aura persévérance de leur part jusqu'à ce que nous leur ayons donné des garanties d'ordre intérieur qui puissent faire leur sécurité, ou que par les armes nous ayons conquis la haute position à laquelle nous devons prétendre. Restés au-dessous de notre dignité depuis notre dernière révolution, nous avons perdu de notre considération et de nos droits, puisqu'on ose maintenant les méconnaître.

Les gouvernemens dynastiques ont leur opposition au dedans comme au dehors; l'une comme l'autre ne peuvent être désarmées que par l'établissement de l'ordre et les prestiges de leur puissance. L'ordre nous manque et nos armes restent émoussées; aussi nos ennemis s'en prévalent pour nous menacer de la guerre, croyant que nous en redoutons les chances. Une insulte sans réparation n'est jamais isolée, et si nous souffrons dans le silence celle qui nous est faite, le mépris sera d'abord notre partage, et puis la guerre plus fâcheuse qu'auparavant.

Ainsi des sacrifices doivent être faits, et la France les fera pour sa sûreté et son honneur si on les lui demande avec confiance et la promesse solennelle d'un bon emploi. C'est à cette occasion que le pays pourrait être consulté sur les besoins de la réforme électorale et les institutions qui devraient nous être données.

Chaque révolution qui s'est faite, chaque parti qui a triomphé a changé la loi d'élection pour lui donner son propre caractère; mais les lois que font les partis ou les factions ne sont et ne peuvent être durables. Celle qui est à présent si vivement réclamée, après tant de changemens, doit être faite pour tous, et sa durée sera longue comme toutes les lois qui renferment des conditions de sagesse.

L'état a besoin du concours et du dévouement de tous ceux qui participent aux charges qu'il impose; tous doivent donc exercer sans réserve leurs droits politiques, et prendre part aux élections comme bénéfice social; de sorte que c'est admettre le vote universel. Ce système d'élection aurait de graves inconvéniens s'il n'avait pas ses limites; mais nous lui en avons posé qui les préviendront.

Ainsi l'élection devrait prendre naissance dans la commune, où tous les contribuables seraient appelés à voter; et selon sa population, elle nommerait de cinq à quinze électeurs communaux, pour se réunir au chef-lieu du canton; ceux-ci nommeraient de quinze à trente électeurs pour former le collége d'arrondissement, où se réuniraient les plus imposés dans les proportions du tiers des électeurs cantonnaux; ce collége nommerait de trente à soixante électeurs pour constituer le grand collége, et la même adjonction des plus imposés serait faite pour nommer les membres de la Chambre des députés : tous les électeurs seraient éligibles, pour que tous les mérites pussent être élus.

La loi d'élection serait alors démocratique et populaire par les deux premiers degrés, mais elle rentrerait ensuite, par les deux derniers, dans la hiérarchie des convenances sociales et des plus grands intérêts, car il importe que toutes les positions soient représentées dans leur valeur.

Cette loi enfin briserait tous ces petits et ignobles intérêts qui agitent les localités aux époques d'élection, où sont faites tant de fausses démonstrations et de promesses qui déconsidèrent ceux qui les font comme ceux qui les reçoivent. L'administration ne serait plus portée à commettre ces injustices qui se débattent devant les tribunaux pour tourner presque toujours à sa honte ; et n'ayant plus à s'occuper de la confection des listes électorales, elle donnerait aux devoirs qui lui sont imposés, le temps qu'elle consacre à ce travail, toujours sujet à des récriminations.

CHAPITRE VIII.

De la Chambre des Députés.

La formation de la Chambre des députés doit être améliorée par une grande mesure pour qu'elle soit la représentation vraie de la France contribuable ; et pour qu'il en soit ainsi, il faut que tout citoyen honorable puisse en faire partie par son droit d'éligibilité. Mais la fortune ne se joint pas toujours au mérite ni au désintéressement absolu ; les fonctions législatives devraient donc être rétribuées par une indemnité convenable, et les dépenses qui seraient faites à cette occasion se changeraient en économie, si on considère ce que coûtent les élections.

Les députés ne recevant aucune indemnité légale pour leur déplacement de plusieurs mois, sont continuellement livrés à l'esprit de tentation, et on suppose qu'un grand nombre y succombent d'une façon ou d'une autre. Il y a supposition injurieuse pour plusieurs, mais l'expérience y fait croire, et c'est un malheur. Lorsque la charte de 1814 fut rédigée, une pensée de corruption fut manifestée et admise. Il fut donc convenu qu'on supprimerait l'indemnité qui était auparavant accordée. Depuis cette époque des propositions ont été faites dans le but louable de la rétablir, et en les rejetant on n'a fait que prouver son utilité.

Notre système d'élection est un grand creuset d'épuration politique, puisqu'il admet quatre degrés; l'admission illimité des fonctionnaires publics dans la Chambre des députés, ne peut paraître alors dangereuse, parce que s'ils ont la confiance tout entière de leur département, c'est qu'il sont dignes de la députation. Si pour prix de leurs votes ils avaient un avancement non mérité, les réélections en feraient une justice non douteuse en dépit de toutes les intrigues.

S'il doit y avoir une exclusion des fonctionnaires publics, elle doit naturellement porter sur les députés qui seraient nommés ministres, car il est absurde que la même personne puisse tout à la fois voter pour des intérêts généraux et pour elle-même.

La Chambre des députés, représentant par ce système d'élection l'unité des vœux de chaque département, donnerait à chacun de ses membres un grand caractère politique, une dignité réelle par le mandat honorable qu'ils auraient à remplir; et la considération personnelle qui en serait la conséquence, imprimerait à ce pouvoir de l'état une dignité infiniment précieuse, parce qu'il serait indépendant, inattaquable par la corruption et

dans les intérêts les plus purs de la France constitutionnelle.

Le gouvernement, qui vit dans de bonnes intentions, dans un sentiment d'honneur, et qui peut
se promettre de ne pas tomber dans de grossières
erreurs, n'aura jamais rien à craindre de cette indépendance ni de cette intégrité d'hommes si inté-
ressés au maintien de l'ordre et à la prospérité du
pays. Il en sera au contraire soutenu, tandis qu'il
n'est qu'entravé dans sa marche par cette foule
d'ambitions qu'on voit surgir à chaque session nouvelle, pour se disputer la possession des emplois
les plus élevés; le mal commence alors, et tous les
sacrifices, toutes les intrigues sont mis ensuite en
usage pour le prolonger : le pays y perd sans doute
beaucoup, mais la couronne y perd également.

CHAPITRE IX.

De la Chambre des Pairs.

Après avoir proposé une meilleure organisation de la Chambre des députés par la réforme électorale, nous ne pouvions laisser, dans notre pensée, la Chambre des pairs dans son infériorité actuelle sans lui faire perdre de son utilité. Son action morale ne doit pas être moindre ni plus forte que celle de la Chambre des députés, pour qu'il y ait toujours entre elles une parfaite harmonie d'intentions et de concours avec la couronne comme pouvoir législatif. Mais investie par la loi d'une grande et exceptionnelle puissance judiciaire, il importe, sous plusieurs rapports, que son origine provienne d'une autre institution, surtout différente de celle qui la constitue à présent, car elle ne fait en quelque sorte qu'un même pouvoir avec celui qui lui donne du mouvement à cet égard.

S'il était facile d'indiquer les améliorations à faire à une loi aussi vicieuse que celle qui règle notre mode d'élection électorale, il n'en est pas de même pour améliorer l'institution de la pairie. Remarquons que les élémens manquent ou ne sont pas assez connus, et s'il faut les créer, il se présente des obstacles parce qu'on doit craindre de blesser certaines opinions bien ou mal fondées. Il n'y a cependant pas d'autre moyen convenable pour éviter les inconvéniens qui se rattacheraient à un système aristocratique; il faut donc recourir à une création nouvelle, large dans ses bases et en rapport avec l'esprit constitutionnel de notre époque pour qui veut raisonnablement le comprendre.

La démocratie, qui est dans nos mœurs, nous a paru réclamer une barrière qui l'empêche de devenir trop populaire; c'est pourquoi nous avons admis pour la formation de la Chambre des députés, le principe modifié des plus imposés, sans déterminer de cens d'éligibilité, après avoir reconnu la nécessité de plusieurs degrés d'élection.

L'application du principe des plus imposés convient parfaitement à la pairie parce qu'elle doit supposer la réalité de la fortune pour faire équilibre à d'autres positions. Mais comme tout ce qui est absolu est presque toujours vicieux, si la Chambre des pairs n'admettait que les richesses territoriales, elle ne formerait alors qu'un pouvoir aristocratique qui aurait d'autres inconvéniens; or, il a paru indispensable d'admettre un autre concours pour former cette chambre, et d'en chercher l'origine dans des services rendus.

La Chambre des pairs doit avoir une haute représentation par son éclat. Ainsi la hiérarchie sociale, que nous croyons si nécessaire, devrait recevoir une plus grande extension appliquée à la pairie.

Il est à remarquer que la dignité de pair de France est comme délaissée aux ambitions les plus vulgaires, ce qui démontre suffisamment la nécessité de la rehausser par une constitution nouvelle. Il serait facile de faire valoir plusieurs motifs à l'appui de cette opinion, mais il doit suffire d'indiquer le plus apparent. En voyant en un seul jour vingt ou trente nominations, souvent faites sans choix et toujours dans l'intérêt personnel d'un pouvoir passager, malgré tous ses efforts pour prolonger son existence, comment pourrait-on attacher quelque prix à une dignité qui semble en être dépouillée, qui est sans prestige et sans traitement.

Comme nous comprenons les élémens nouveaux de la pairie, nous sommes persuadé que cette dignité serait vivement sollicitée, et que la plupart de ceux qui se tiennent en arrière n'en feraient plus dédain, ce qui serait d'abord un grand et premier avantage.

La constitution nouvelle de la pairie serait simple puisqu'elle se réduirait à la formation d'une liste de trois mille éligibles, dont deux mille propriétaires fonciers, des représentans de la pairie, au nombre de cinq cents, et enfin de cinq cents notabilités spéciales désignées par la couronne. La propriété, la descendance de la pairie et la royauté seraient ainsi représentées.

La formation de la liste d'éligibilité à la pairie serait faite par la pairie même, en y procédant de la manière suivante : Les cent plus imposés de chaque département se réuniraient au chef-lieu pour nommer leurs éligibles. Cette élection serait d'autant plus honorable qu'elle représenterait un des plus grands intérêts. Les pairs de France ne pouvant transmettre l'hérédité de leurs fonctions en transmettraient au moins la perspective en faveur de leurs fils ou neveux lorsqu'ils auraient atteint vingt-cinq ans ; ils les feraient donc inscrire d'office sur cette liste. La couronne désignerait ses candidats, qui seraient pris parmi les hauts fonctionnaires et les hommes qui auraient rendu de grands services à l'État.

Les nominations à la pairie devraient avoir quelque chose de solennel pour leur donner un caractère de grandeur, et qui justifiât le titre de pair de France. Ainsi l'investiture en serait faite par le roi, mais sur la présentation de trois candidats désignés par la Chambre des députés.

Les membres de la Chambre des pairs seraient portés au nombre de cinq cents, et jamais ils ne pourraient être moindres que celui de la Chambre des députés. Une indemnité juste et modérée serait accordée à la pairie, parce que tout déplacement d'un fonctionnaire nécessite des dépenses qui doivent légalement être remboursées ; et cette disposition aurait pour conséquence de déterminer les fonctions qui seraient incompatibles avec celles de pair de France.

Si on compare les nominations actuelles à la pairie, à celles qui seraient faites par le mode que nous proposons, on y trouvera sans doute une grande différence en faveur de cette dignité, qui ne saurait être trop relevée par son origine et son institution.

CHAPITRE X.

Des trois grands Pouvoirs et de leur équilibre.

Le gouvernement représentatif suppose trois grands pouvoirs, également forts, indépendans, dans un parfait équilibre, afin de s'éclairer et de s'aider mutuellement de leur pouvoir respectif pour le maintien de l'ordre et de la prospérité du pays. Dirons-nous que cette forme de gouvernement n'est encore qu'une fiction pour nous? Ah ! ce n'est que trop vrai, et cependant que de sacrifices n'avons-nous pas faits pour avoir mieux que nous ne possédons, malgré les titres pompeux qu'on donne de haute chambre et de pouvoir parlementaire, deux désignations sans réalité !

Nous avons proposé d'améliorer la constitution des deux Chambres pour les élever à la hauteur de la France ; voyons maintenant quelles sont leurs relations d'équilibre avec le pouvoir royal.

La Charte confère de grands pouvoirs à la couronne ; ils sont prévoyans et clairement définis, et en cela il y a sagesse. Mais s'ils permettent de faire beaucoup de bien, ils facilitent aussi de faire le mal, si elle est abandonnée à elle-même, à l'entraînement de mauvais conseils, c'est-à-dire si elle manque d'un contre-poids salutaire, ne devant compter pour rien la responsabilité ministérielle, puisqu'elle est toujours attendue, et qu'elle ne sera jamais bien définie. D'ailleurs, comme toute autorité tend à s'agrandir, dans plusieurs circonstances, le pouvoir royal doit avoir une opposition légale, surtout s'il en délègue l'action à des fonctionnaires sans responsabilité constitutionnelle. Dans leur faible organisation les deux Chambres législatives ne peuvent former cette opposition, et il n'y a plus alors d'équilibre possible entre les grands pouvoirs de l'État. L'Assemblée constituante, par ses pouvoirs exorbitans, prépara le renversement de la monarchie. Napoléon, par sa puissance militaire, asservit le Sénat et le Corps-Législatif pour y trouver sa ruine. Il y aurait dans ces souvenirs des rapprochemens à faire, dont chacun peut trouver l'application comme nous-mêmes, mais sous des rapports différens, pour arriver aux mêmes résultats.

Si le pouvoir royal, ou ministériel, domine les deux autres, il peut sans doute faire beaucoup de bien; mais sous un gouvernement représentatif ce n'est point légal, et c'est toujours dangereux. Le danger est bien plus grand si son existence ne date que de quelques années, si presque tous les intérêts sont en souffrance, si les charges publiques ne cessent de recevoir de l'accroissement,

si on ne remarque aucune amélioration sensible,
et si la tranquillité n'est maintenue que par des
lois répressives, ce pouvoir, surchargé d'autorité,
doit succomber à la peine, après avoir perdu l'affection de tout un peuple ; et ici nous ne parlons
que pour les temps ordinaires, car le danger s'ac-
croît encore par une infinité de circonstances fortuites.

La Chambre des pairs, provenant de plusieurs
régimes, est sans unité politique, conséquemment
sans action morale sur l'opinion ; elle est encore
nulle, parce que son origine est sans prestige, et
que son indépendance est douteuse d'après les
fractions diverses qui la composent, sans rappeler
beaucoup d'autres motifs à l'appui du jugement
qu'on peut en porter. Dans cet état d'organisation,
peut-elle faire équilibre à un pouvoir persévérant
qui dispose de toutes les faveurs ainsi que de tous
les emplois ? De quelle force peut-elle enfin faire
usage, ayant successivement perdu toutes ses prérogatives et n'ayant pris racine nulle part ? La pairie a donc besoin d'être améliorée par une grande
et sage institution pour devenir utile et une des
sauve-gardes du trône.

La Chambre des députés, composée d'intérêts
privés, ne peut constituer qu'une représentation
personnelle pour s'étendre ensuite à de petites localités dont il ne peut résulter que l'affaiblisse-

ment de ce pouvoir, ne formant plus que des individualités ; or, la main qui dispose de tous les emplois peut les attaquer une à une pour se les rendre favorables. L'esprit d'élection est alors évidemment faussé, s'il est fait des tentatives de corruption; et si nous n'en faisons pas la supposition, d'autres peuvent la faire. Ainsi, dans cet état de servitude morale, comment la Chambre des députés pourrait-elle faire équilibre à un pouvoir fort de volonté et de moyens d'action? Il semble que ce n'est guère possible; et cependant, s'il n'existe pas, en perdant de sa considération, elle s'efface devant les autres pouvoirs, et il y a confusion pour tous jusqu'à ce qu'il y ait ruine commune.

Le système d'élection dont nous avons indiqué les bases, remédierait aux inconvéniens attachés à la formation actuelle de la Chambre des députés. Ses membres seraient investis d'un mandat d'un grand assentiment, dépouillé d'intrigues, ainsi donc très honorable.

CHAPITRE XI.

Conclusion.

Nous avons dit que la société était dominée par l'intérêt personnel, et que la démocratie, jointe à la puissance financière, dominait l'action politique; que l'esprit industriel s'attachait à toutes choses; que tout dévouement au pays était douteux, s'il n'était pas une chimère; que le malaise était général, et que l'avenir était rempli d'inquiétudes; qu'il fallait régénérer le corps social par des institutions, et que si le gouvernement représentatif était possible, il fallait travailler avec ardeur à son accomplissement; que par lui la France serait heureuse et tous les pouvoirs consolidés, et qu'alors les mœurs publiques seraient forcément améliorées.

Nous avons indiqué le mal sans exagération, et les progrès qu'il tendait à faire. Nous avons en même temps proposé quelques améliorations, qui nous semblent les plus essentielles; mais il ne suffit pas d'une bonne loi d'élection, ni d'une meilleure organisation de la Chambre des pairs, il faut encore que les pouvoirs secondaires se régénèrent dans leur probité politique, et que de bons exemples, venant d'en haut, arrivent jusqu'au peuple pour former la réaction morale devenue nécessaire pour donner à la société d'autres mœurs et d'autres tendances.

Le principe d'amélioration des deux Chambres législatives admis, le gouvernement devrait s'occuper d'un autre soin bien important. La France voulait beaucoup de liberté, elle en a eu ; mais elle n'est pas en tout bien réglée, puisqu'il faut à présent la réprimer par la force, lorsqu'il devrait suffire d'institutions pour la maintenir dans ses limites. Tous les états, toutes les professions ont été livrés sans guide à eux-mêmes, sans contrôle intérieur, surtout sans aucune unité particulière, ne pouvant ainsi être protégés dans leurs intérêts, ni défendus dans leur liberté, et leur confusion nuit à leur utilité et à l'ordre public. Il est donc urgent d'y remédier, en séparant les professions pour les régulariser. Malgré que ce travail soit rempli de détails, qu'il soit d'un haut intérêt social, il fait maintenant le sujet de nos méditations, et nous nous empresserons de le livrer au public aussitôt que nous l'aurons terminé.